MY FIRST NA'VI DICTIONARY

English – Na'vi
Na'vi – English

The Na'vi alphabet

The Na'vi language has its own special alphabet. The following table gives you an overview of all letters and their pronunciation including examples in English.

Letter	Sound	Example
'	[ʔ]	uh-oh
a	[a]	far
ä	[æ]	cat
aw	[aw]	round
ay	[aj]	eye
e	[ɛ]	then
ew	[ɛw]	Romeo

Letter	Sound	Example
ey	[ɛj]	rain
f	[f]	fly
h	[h]	high
i	[i]	green
ì	[ɪ]	win
k	[k]	lack
kx	[k']	strong k
l	[l]	last
ll	[l̩]	model
m	[m]	mix
n	[n]	nose
ng	[ŋ]	sing
o	[o]	old

Letter	Sound	Example
p	[p]	loop
px	[p']	strong p
r	[ɾ]	butter (am.)
rr	[r̝]	trilled r
s	[s]	must
t	[t]	stop
ts	[t͡s]	lots
tx	[t']	strong t
u	[u]	rude
v	[v]	voice
w	[w]	wild
y	[j]	yawn
z	[z]	azure

Some letters might seem strange at first, but with some practice you will sound like a native Na'vi!

Further tips:
Letters can have accents to indicate emphasis like in tute (person) and tuté (woman). The letter ' is a glottal stop. The letters **kx**, **px**, and **tx** are strongly pronounced variants of k, p, and t, respectively. The letter **r** is tapped, similar to the Japanese 'r' and can sound like a 'd' or even 'l'.

DICTIONARY PART I
Na'vi → English

| Na'vi [phonetics] | English |

'ali'ä [ʔa.ˈli.ʔæ]	collar
'ana [ˈʔa.na]	vine
'angtsìk [ˈʔaŋ.t͡sɪk̚]	hammer-head shark
'are [ˈʔa.ɹɛ]	poncho
'aw [ʔaw]	one
'awkx [ʔawk']	cliff

'etnaw [ʔɛt.naw]	shoulder
'eveng [ʔɛ.vɛŋ]	child
'evengan [ʔɛ.vɛ.ŋan]	boy
'evenge [ʔɛ.vɛ.ŋɛ]	girl
'ewll [ʔɛ.wl̩]	plant
'eylan [ʔɛj.lan]	friend

'itan ['ʔi.tan]	son
'ite ['ʔi.tɛ]	daughter
'ompin ['ʔom.pin]	violet
'on [ʔon]	shape
'opin ['ʔo.pin]	color
'ora ['ʔo.ra]	lake

'otxang [ʔo.ˈt'aŋ]	musical instrument
'rrpxom [ˈʔr̩.p'om]	thunder
'rrta [ˈʔr̩.ta]	Earth
'umtsa [ˈʔum.t͡sa]	medicine
'upxare [ʔu.ˈp'a.ɾɛ]	message
atan [a.ˈtan]	light

atxkxe [at'.'k'ɛ]	land
atxkxerel [at'.'k'ɛ.ɾɛl]	map
äie [æ.ˈi.ɛ]	vision
eampin [ˈɛ.am.pin]	blue / green
eltu [ˈɛl.tu]	brain
eltu lefngap [ˈɛl.tu lɛ.ˈfŋap̚]	computer

E

eyktan ['ɛjk.tan]	leader
fe' [fɛʔ]	bad
fekum ['fɛ.kum]	disadvantage
fil [fil]	toy
fkxara ['fk'a.ɾa]	stress
fkxen [fk'ɛn]	vegetable

F

flawkx
[flawkʼ] | leather

flew
[flɛw] | throat

fmokx
[fmokʼ] | jealousy

fnelan
[ˈfnɛ.lan] | male

fnele
[ˈfnɛ.lɛ] | female

fngap
[fŋap˺] | metal

F

fpeio [fpɛ.ˈi.o]	challenge	
fpomron [fpom.ˈron]	health	
frrtu [ˈfr̩.tu]	guest	
fta [fta]	knot	
ftxì [ftʼɪ]	tongue	
ftxìlor [ftʼɪ.ˈlor]	delicious	

H

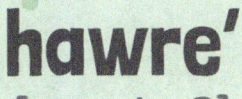

ha'ngir | afternoon
[haʔ.ˈŋir]

hän | net
[hæn]

hawnven | shoe
[hawn.ˈvɛn]

hawre' | hat
[haw.ˈrɛʔ]

herwì | snow
[ˈhɛr.wɪ]

herwìva | snowflake
[ˈhɛr.wɪ.va]

H

hì'ang [ˈhɪ.ʔaŋ]	insect
holpxay [hol.ˈp'aj]	number
hufwe [hu.ˈfwɛ]	wind
huru [ˈhu.ru]	cooking pot
i'en [ˈiʔ.ɛn]	stringed instrument
inanfya [i.ˈnan.fja]	sense

I

ngyentsim | mystery
[ˈiŋ.jɛn.t͡sim]

ioang | animal
[i.ˈo.aŋ]

ioi | adornment
[i.ˈo.i]

irayo si | to thank
[i.ˈra.jo ˈs·i]

ìlva | drop
[ˈɪl.va]

ìpxa | fern
[ˈɪ.ˈp'a]

K

kaltxì [kal.ˈtʼɪ] | hello

kaltxì si [kal.ˈtʼɪ ˈs·i] | to greet

kantseng [ˈkan.t͡sɛŋ] | destination

kanu [ˈka.nu] | smart

käpxì [kæ.ˈpʼɪ] | rear

karyu [ˈkar.ju] | teacher

K

karyunay [kaɾ.ju.ˈnaj] | apprentice teacher

kato [ˈka.to] | rhythm

kawngtu [ˈkawŋ.tu] | bad person

kaym [kajm] | evening

kelku [ˈkɛl.ku] | home

kemuia [kɛ.ˈmu.i.a] | dishonor

K

ketuwong [ˈkɛ.tu.woŋ]	alien
kew [kɛw]	zero
kewan [ˈkɛ.wan]	age
key [kɛj]	face
kifkey [ki.ˈfkɛj]	world
kilvan [kil.ˈvan]	river

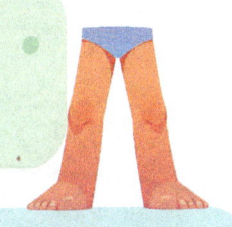

K

kinam [kiˈnam]	leg

kinamtil [kiˈnam.til]	knee

kintrr [ˈkin.tr̩]	week

kllpxìltu [kl̩.ˈpˈɪl.tu]	territory

kllrikx [kl̩.ˈrikʼ]	earthquake

kllte [ˈkl̩.tɛ]	ground

K

koren [koˈrɛn] | rule

koren ayll [koˈrɛn aˈjl̩] | law

krr [kr̩] | time

kum [kum] | result

kxa [k'a] | mouth

kxamtrr [ˈk'am.tr̩] | noon

KX

kxamtxomaw ['k'am.t'o.maw]	after midnight
kxamtxon ['k'am.t'on]	midnight
kxener ['k'ɛ.nɛɹ]	smoke
kxetse ['k'ɛ.t͡sɛ]	tail
kxeyey ['k'ɛ.jɛj]	mistake
kxitx [k'it']	death

KX

kxll [k'!]	running attack
kxu [k'u]	harm
kxumpay ['k'um.paj]	gel
kxumpaysyar ['k'um.paj.sjar]	glue
kxutslu ['k'u.tslu]	risk
kxutu ['k'u.tu]	enemy

L

lan [lan]	resin
lawnol ['law.nol]	great joy
lawr [lawr]	melody
layompin [la.'jom.pin]	black
lefpom [lɛ.'fpom]	happy
lehrrap [lɛ.'hr̩.ap̚]	dangerous

L

leioae [lɛ.i.o.ˈa.ɛ]	respect
lereyfya [lɛ.ˈrɛj.fja]	cultural
lew [lɛw]	cover / lid
lewng [lɛwŋ]	shame
lì'fya [ˈlɪʔ.fja]	language
lì'u [ˈlɪ.ʔu]	word

NA'VI

L

ľi'ukìng | sentence
['lɪ.ʔu.kɪŋ]

ľi'ukìngvi | phrase
['lɪ.ʔu.kɪŋ.vi]

ľi'upam | accent
['lɪ.ʔu.pam]

ľi'upuk | dictionary
['lɪ.ʔu.puk̚]

liswa | nourishment
[li.'swa]

lo'a | totem
['lo.ʔa]

L

loi
[ˈlo.i] | egg

lrrtok
[ˈlr̩.tok̚] | smile

lupra
[ˈlup.ɾa] | style

mauti
[ˈma.u.ti] | fruit

mekre
[ˈmɛk.ɾɛ] | supplies

meoauniaea
[ˌmɛ.o.a.u.ni.a.ˈɛ.a] | harmony

M

meuia [mɛ.ˈu.i.a] | honor

mikyun [ˈmik.jun] | ear

mokri [ˈmok.ri] | voice

mowar [mo.ˈwar] | advice

mrr [mr̩] | five

nari [ˈna.ri] | eye

N

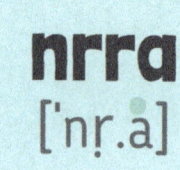

neni ['nɛ.ni]	sand
nì'awtu [nɪ.ˈʔaw.tu]	alone
nikre ['nik.ɾɛ]	hair
nivi ['ni.vi]	hammock
nrra ['n̩r̩.a]	pride
numeyu ['nu.mɛ.ju]	student

N

numtseng ['num.t͡sɛŋ]	school
ngäng [ŋæŋ]	stomach
ngawng [ŋawŋ]	worm
ngulpin ['ŋul.pin]	grey
oare [o.ˈa.ɾɛ]	moon
ohakx [o.ˈhak']	hungry

O

okup ['o.kup̚]	milk
ompu ['om.pu]	fat
ontu ['on.tu]	nose
pamrelvi [pam.'rɛl.vi]	letter
pamtseo ['pam.t͡sɛ.o]	music
pänu ['pæ.nu]	promise

P

bäsketpol | basketball
['pæ.skɛt.pol]

pasuk | berry
['pa.suk]

pay | water
[paj]

paynäpll | pineapple
['paj.næ.pl̩]

payoang | fish
[paj.'o.aŋ]

pewn | neck
[pɛwn]

P

pìwopx [pɪ.ˈwop']	cloud
prrnen [ˈpr̩.nɛn]	baby
puk [puk̚]	book
pukap [ˈpu.kap̚]	six
pxawngip [ˈp'aw.ŋip̚]	environment
pxey [p'ɛj]	three

P

pxir [p'ir] | beer

pxun [p'un] | arm

pxuntil ['p'un.til] | elbow

ram [ram] | mountain

ramunong [ra.'mu.noŋ] | well

rawmpxom ['rawm.p'om] | thunder and lightning

R

re'o ['rɛ.ʔo]	head
rel [rɛl]	picture
rel arusikx ['rɛl a.ru.'sik']	movie
reltseotu ['rɛl.t͡sɛ.o.tu]	artist
rewon ['rɛ.won]	morning
reypay ['rɛj.paj]	blood

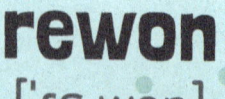

R

| **rìk** [rɪk̄] | leaf |

| **rimpin** [ˈrim.pin] | yellow |

| **rìn** [rɪn] | wood |

| **rina'** [ri.ˈnaʔ] | seed |

| **rum** [rum] | ball |

| **sä'eoio** [sæ.ˈʔɛ.o.i.o] | ceremony |

S

sa'nok ['saʔ.nok]	mother
sa'sem ['saʔ.sɛm]	parent
säfpìl [sæ.ˈfpɪl]	idea
sämyam [sæm.ˈjam]	hug
sänrr [sæ.ˈn̩r̩]	glow
säomum [sæ.ˈo.mum]	information

S

säpllhrr | warning
[sæ.pl̩.ˈhr̩]

säpom | kiss
[sæ.ˈpom]

särangal | wish
[sæ.ˈra.ŋal]

säspxin | disease
[sæ.ˈsp'in]

semkä | bridge
[sɛm.ˈkæ]

sempul | father
[ˈsɛm.pul]

S

| **seyri** [ˈsɛj.ɾi] | lip |

| **snafpìlfya** [sna.ˈfpɪl.fja] | philosophy |

| **snapamrelvi** [sna.pam.ˈɾɛl.vi] | alphabet |

| **sngel** [sŋɛl] | garbage |

| **spono** [ˈspo.no] | island |

| **spulmokri** [spul.ˈmok.ɾi] | phone |

S

| **spxam** [spʼam] | mushroom |

| **sre'** [sɾɛʔ] | tooth |

| **sreton'ong** [sɾɛ.ton.ˈʔoŋ] | dusk |

| **swizaw** [swi.ˈzaw] | arrow |

| **syeprel** [sjɛp.ˈɾɛl] | camera |

| **syulang** [ˈsju.laŋ] | flower |

T

ta'leng ['taʔ.lɛŋ]	skin
taw [taw]	sky
teyrpin ['tɛjɾ.pin]	white
tì'eylan [tɪ.'ʔɛj.lan]	friendship
tìkanu [tɪ.'ka.nu]	intelligence
tìkawng [tɪ.'kawŋ]	evil

T

tìkeftxo | sadness
[tɪ.kɛ.ˈftʼo]

tìreyn | train
[tɪ.ˈrɛjn]

tìrol | song
[tɪ.ˈrol]

tìyawn | love
[tɪ.ˈjawn]

tìyora' | victory
[tɪ.jo.ˈraʔ]

Toitslan | Germany
[ˈto.i.t͡slan]

T

tokx [tok']	body
tompa ['tom.pa]	rain
trr [tr̩]	day
trr'ong [tr̩.ʔoŋ]	dawn
tukru [tuk.'ɾu]	spear
tumpin ['tum.pin]	red / orange

T

tutan [tuˈtan] | man

tute [ˈtu.tɛ] | person

tuté [tuˈtɛ] | woman

tsam [t͡sam] | war

tsawke [ˈt͡saw.kɛ] | sun

tsawtsray [ˈt͡saw.t͡sɾaj] | small city

TS

tseo ['t͡sɛ.o]	art
tseotu ['t͡sɛ.o.tu]	artist
tsìng [t͡sɪŋ]	four
tskxe [t͡sk'ɛ]	rock
tskxepay ['t͡sk'ɛ.paj]	ice
tsmukan ['t͡smu.kan]	brother

TS

tsmuke ['t͡smu.kɛ] | sister

tsngal [t͡sŋal] | cup

tstal [t͡stal] | knife

tstxo [t͡st'o] | name

tswal [t͡swal] | power

tsyokx [t͡sjok'] | hand

TX

txal [t'al]	back (body)
txampay [t'am.'paj]	sea
txantstew ['t'an.t͡stɛw]	hero
txärem ['t'æ.rɛm]	bone
txe'lan [t'ɛʔ.'lan]	heart
txep [t'ɛp̚]	fire

(TX)

txon [t'on]	night
unil ['u.nil]	dream
uran ['u.ran]	boat
utral ['ut.ral]	tree
utumauti ['u.tu.ma.u.ti]	banana
uvan [u.'van]	game

V

| **vawm** [vawm] | dark |

| **venu** [ˈvɛ.nu] | foot |

| **venzek** [ˈvɛn.zɛk] | toe |

| **vitra** [vit.ˈɾa] | soul |

| **vol** [vol] | eight |

| **vospxì** [vo.ˈspʼɪ] | month |

W

wion ['wi.on]	reef
wur [wur]	cool / chilly
wutso ['wu.t͡so]	dinner
ya [ja]	air
yafkeyk ['ja.fkɛjk]	weather
yaney [ja.'nɛj]	canoe

Y

yayo [ˈja.jo]	bird
yo'ko [ˈjoʔ.ko]	circle
yrrap [ˈjr̺.ap̚]	storm
Yuesey [ju.ɛ.ˈsɛj]	U.S.A.
zekwä [ˈzɛk.wæ]	finger
zeswa [ˈzɛ.swa]	grass

Z

zìsit ['zɪ.sɪt̚]	year
zìskrrmipaw [zɪ.skr̩.'mi.paw]	spring
zìskrrsom [zɪ.skr̩.'som]	summer
zìskrrtsawn [zɪ.skr̩.'t͡sawn]	autumn
zìskrrwew [zɪ.skr̩.'wɛw]	winter
zum [zum]	thing

DICTIONARY PART II
English → Na'vi

English	Na'vi [phonetics]

A

accent	**lĩ'upam** ['lɪ.ʔu.pam]
adornment	**ioi** [i.'o.i]
advice	**mowar** [mo.'waɾ]
after midnight	**kxamtxomaw** ['k'am.t'o.maw]
afternoon	**ha'ngir** [haʔ.'ŋiɾ]
age	**kewan** ['kɛ.wan]

A

| air | **ya** [ja] |

| **alien** | ketuwong [ˈkɛ.tu.woŋ] |

| **alone** | nì'awtu [nɪ.ʔaw.tu] |

| **alphabet** | snapamrelvi [sna.pam.ˈrɛl.vi] |

| **animal** | ioang [i.ˈo.aŋ] |

| **arm** | pxun [p'un] |

A

arrow	**swizaw** [swi.ˈzaw]

art	**tseo** [ˈt͡sɛ.o]

artist	**tseotu** [ˈt͡sɛ.o.tu]

artist (visual)	**reltseotu** [ˈrɛl.t͡sɛ.o.tu]

autumn	**zìskrrtsawn** [zɪ.skr̩.ˈt͡sawn]

baby	**prrnen** [ˈpr̩.nɛn]

B

| back | txal [t'al] |

| bad | fe' [fɛʔ] |

| bad person | kawngtu ['kawŋ.tu] |

| ball | rum [rum] |

| banana | utumauti ['u.tu.ma.u.ti] |

| basketball | päsketpol ['pæ.skɛt.pol] |

B

beer	pxir ['pʼir]
berry	pasuk ['pa.suk̚]
bird	yayo ['ja.jo]
black	layompin [la.'jom.pin]
blood	reypay ['rɛj.paj]
blue / green	eampin ['ɛ.am.pin]

B

boat	**uran** ['u.ran]
body	**tokx** [tok']
bone	**txärem** ['t'æ.rɛm]
book	**puk** [puk̄]
boy	**'evengan** ['ʔɛ.vɛ.ŋan]
brain	**eltu** ['ɛl.tu]

B

bridge	**semkä** [sɛm.ˈkæ]
brother	**tsmukan** [ˈt͡smu.kan]
camera	**syeprel** [sjɛp.ˈrɛl]
canoe	**yaney** [ja.ˈnɛj]
ceremony	**sä'eoio** [sæ.ˈʔɛ.o.i.o]
challenge	**fpeio** [fpɛ.ˈi.o]

C

child	'eveng [ˈʔɛ.vɛŋ]
circle	yo'ko [ˈjoʔ.ko]
cliff	'awkx [ʔawkʼ]
cloud	pìwopx [pɪ.ˈwopʼ]
collar	'ali'ä [ʔa.ˈli.ʔæ]
color	'opin [ˈʔo.pin]

C

computer	eltu lefngap ['ɛl.tu lɛ.'fŋap̄]
cooking pot	huru ['hu.ru]
cool / chilly	wur [wur]
cover	lew [lɛw]
cultural	lereyfya [lɛ.'rɛj.fja]
cup	tsŋgal [ts͡ŋal]

D

dangerous	lehrrap [lɛ.ˈhr̩.ap̄]
dark	vawm [vawm]
daughter	'ite [ˈʔi.tɛ]
dawn	trr'ong [tr̩.ˈʔoŋ]
day	trr [tr̩]
death	kxitx [kʼitʼ]

D

delicious	**ftxìlor** [ft'ɪ.'lor]
destination	**kantseng** ['kan.t͡sɛŋ]
dictionary	**lì'upuk** ['lɪ.ʔu.puk̚]
dinner	**wutso** ['wu.t͡so]
disadvantage	**fekum** ['fɛ.kum]
disease	**säspxin** [sæ.'sp'in]

D

| dishonor | kemuia [kɛ.ˈmu.i.a] |

| dream | unil [ˈu.nil] |

| drop | ìlva [ˈɪl.va] |

| dusk | sreton'ong [sɾɛ.ton.ˈʔoŋ] |

| ear | mikyun [ˈmik.jun] |

| Earth | 'Rrta [ˈʔr̩.ta] |

E

earthquake	**kllrikx** [kḷ.ˈrikʼ]
egg	**loi** [ˈlo.i]
eight	**vol** [vol]
elbow	**pxuntil** [ˈpʼun.til]
enemy	**kxutu** [ˈkʼu.tu]
environment	**pxawngip** [ˈpʼaw.ŋip̚]

E

evening	kaym [kajm]
evil	tìkawng [tɪ.ˈkawŋ]
eye	nari [ˈna.ɾi]
face	key [kɛj]
fat	ompu [ˈom.pu]
father	sempul [ˈsɛm.pul]

F

female	**fnele** ['fnɛ.lɛ]
fern	**ìpxa** [ɪ.ˈp'a]
finger	**zekwä** [ˈzɛk.wæ]
fire	**txep** [t'ɛp͡]
fish	**payoang** [paj.ˈo.aŋ]
five	**mrr** [m̩r̩]

F

flower	syulang ['sju.laŋ]
foot	venu ['vɛ.nu]
four	tsìng [t͡sɪŋ]
friend	'eylan ['ʔɛj.lan]
friendship	tì'eylan [tɪ.'ʔɛj.lan]
fruit	mauti ['ma.u.ti]

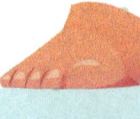

G

game	uvan [u.ˈvan]
garbage	sngel [sŋɛl]
gel	kxumpay [ˈkʼum.paj]
Germany	Toitslan [ˈto.i.t͡slan]
girl	ʼevenge [ˈʔɛ.vɛ.ŋɛ]
glow	sänrr [sæ.ˈn̞r̞]

G

glue	**kxumpaysyar** ['k'um.paj.sjar]
grass	**zeswa** ['zɛ.swa]
great joy	**lawnol** ['law.nol]
to greet	**kaltxì si** [kal.'t'ɪ 's·i]
grey	**ngulpin** ['ŋul.pin]
ground	**klte** ['kl̩.tɛ]

G

guest	frrtu ['fr̩.tu]
hair	nikre ['nik.ʀɛ]
hammer-head shark	ʻangtsìk ['ʔaŋ.t͡sɪk]
hammock	nivi ['ni.vi]
hand	tsyokx [t͡sjok']
happy	lefpom [lɛ.'fpom]

H

harm	**kxu** [k'u]

harmony	**meoauniaea** [ˌmɛ.o.a.ni.a.ˈɛ.a]

hat	**hawre'** [haw.ˈrɛʔ]

head	**re'o** [ˈrɛ.ʔo]

health	**fpomron** [fpom.ˈron]

heart	**txe'lan** [tˈɛʔ.ˈlan]

H

hello	**kaltxì** [kal.ˈt'ɪ]
hero	**txantstew** [ˈt'an.t͡stɛw]
home	**kelku** [ˈkɛl.ku]
honor	**meuia** [mɛ.ˈu.i.a]
hug	**sämyam** [sæm.ˈjam]
hungry	**ohakx** [o.ˈhak']

I

ice	**tskxepay** [ˈt͡skʼɛ.paj]
idea	**säfpìl** [sæ.ˈfpɪl]
image	**rel** [ɾɛl]
information	**säomum** [sæ.ˈo.mum]
insect	**hì'ang** [ˈhɪ.ʔaŋ]
intelligence	**tìkanu** [tɪ.ˈka.nu]

I

| island | **spono** ['spo.no] |

| jealousy | **fmokx** [fmok'] |

| kiss | **säpom** [sæ.'pom] |

| knee | **kinamtil** [ki.'nam.til] |

| knife | **tstal** [t͡stal] |

| knot | **fta** [fta] |

L

lake	**'ora** [ˈʔo.ɾa]
land	**atxkxe** [atʼ.ˈkʼɛ]
language	**lì'fya** [ˈlɪʔ.fja]
law	**koren ayll** [ko.ɾɛn a.ˈjl̩]
leader	**eyktan** [ˈɛjk.tan]
leaf	**rìk** [ɾɪk̚]

L

| leather | **flawkx** [flawk'] |

| leg | **kinam** [ki.'nam] |

| letter | **pamrelvi** [pam.'rɛl.vi] |

| light | **atan** [a.'tan] |

| lip | **seyri** ['sɛj.ri] |

| love | **tìyawn** [tɪ.'jawn] |

M

male	fnelan ['fnɛ.lan]
man	tutan [tu.'tan]
map	atxkxerel [at'.'k'ɛ.rɛl]
medicine	'umtsa ['ʔum.t͡sa]
melody	lawr [lawr]
message	'upxare [ʔu.'p'a.rɛ]

M

metal	fngap [fŋap]
midnight	kxamtxon [ˈk'am.t'on]
milk	okup [ˈo.kup]
mistake	kxeyey [ˈk'ɛ.jɛj]
month	vospxì [voˈsp'ɪ]
moon	oare [oˈa.ɾɛ]

M

morning	**rewon** ['rɛ.won]
mother	**sa'nok** ['saʔ.nok̚]
mountain	**ram** [ram]
mouth	**kxa** [k'a]
movie	**rel arusikx** ['rɛl a.ru.'sik']
mushroom	**spxam** [sp'am]

M

music	**pamtseo** [ˈpam.t͡sɛ.o]
musical instrument	**ʼotxang** [ʔo.tʼaŋ]
mystery	**ingyentsim** [ˈiŋ.jɛn.t͡sɪm]
name	**tstxo** [t͡stʼo]
neck	**pewn** [pɛwn]
net	**hän** [hæn]

N

| night | txon [t'on] |

| noon | kxamtrr ['k'am.tr̩] |

| nose | ontu ['on.tu] |

| nourishment | liswa [li.'swa] |

| number | holpxay [hol.'p'aj] |

| object | zum [zum] |

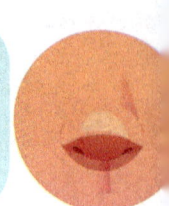

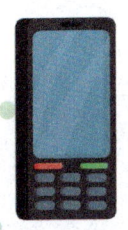

one	'aw	[ʔaw]
parent	sa'sem	['saʔ.sɛm]
person	tute	['tu.tɛ]
philosophy	snafpìlfya	[sna.'fpɪl.fja]
phone	spulmokri	[spul.'mok.ɾi]
phrase	lì'ukìngvi	['lɪ.ʔu.kɪŋ.vi]

P

pineapple	paynäpll [ˈpaj.næ.pl̩]
plant	ˈewll [ˈʔɛ.wl̩]
poncho	ˈare [ˈʔa.ɾɛ]
power	tswal [t͡swal]
pride	nrra [ˈn̩ɾ.a]
promise	pänu [ˈpæ.nu]

R

rain	**tompa** ['tom.pa]
rear	**käpxì** [kæ.'p'ɪ]
red / orange	**tumpin** ['tum.pin]
reef	**wion** ['wi.on]
resin	**lan** [lan]
respect	**leioae** [lɛ.i.o.'a.ɛ]

R

| result | **kum** [kum] |

| rhythm | **kato** [ˈka.to] |

| risk | **kxutslu** [ˈk'u.t͡slu] |

| river | **kilvan** [kil.ˈvan] |

| rock | **tskxe** [t͡sk'ɛ] |

| rule | **koren** [ko.ˈɾɛn] |

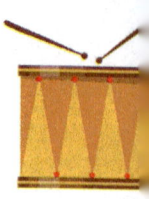

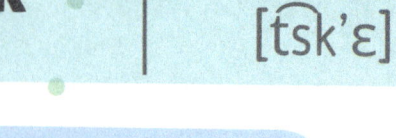

R

running attack	kxll [k'l̩]
sadness	tìkeftxo [tɪ.kɛ.ˈftʼo]
sand	neni [ˈnɛ.ni]
school	numtseng [ˈnum.t͡sɛŋ]
sea	txampay [tʼam.ˈpaj]
seed	rina' [ri.ˈnaʔ]

s

sense	inanfya [i.ˈnan.fja]
sentence	lĩ'ukìng [ˈlɪ.ʔu.kɪŋ]
seven	kinä [ˈki.næ]
shame	lewng [lɛwŋ]
shape	'on [ʔon]
shoe	hawnven [hawn.ˈvɛn]

s

shoulder	'etnaw [ˈʔɛt.naw]
sister	tsmuke [ˈt͡smu.kɛ]
six	pukap [ˈpu.kap̚]
skin	ta'leng [ˈtaʔ.lɛŋ]
sky	taw [taw]
small city	tsawtsray [ˈt͡saw.t͡sraj]

S

smart	kanu	[ˈka.nu]
smile	Irrtok	[ˈlr̩.tok̚]
smoke	kxener	[ˈkʼɛ.nɛɹ]
snow	herwì	[ˈhɛɾ.wɪ]
snowflake	herwìva	[ˈhɛɾ.wɪ.va]
son	'itan	[ˈʔi.tan]

s

song	**tìrol** [tɪ.ˈrol]
soul	**vitra** [vit.ˈra]
spear	**tukru** [tuk.ˈru]
spring	**zìskrrmipaw** [zɪ.skr̩.ˈmi.paw]
stomach	**ngäng** [ŋæŋ]
storm	**yrrap** [ˈjr̩.ap̚]

S

stress	**fkxara** [ˈfkˈa.ɾa]
student	**numeyu** [ˈnu.mɛ.ju]
style	**lupra** [ˈlup.ɾa]
summer	**zìskrrsom** [zɪ.skr̩.ˈsom]
sun	**tsawke** [ˈt͡saw.kɛ]
supplies	**mekre** [ˈmɛk.ɾɛ]

T

| tail | **kxetse** [ˈk'ɛ.t͡sɛ] |

| teacher | **karyu** [ˈkar.ju] |

| territory | **kllpxìltu** [kl̩.ˈp'ɪl.tu] |

| to thank | **irayo si** [i.ˈɾa.jo ˈs·i] |

| three | **pxey** [p'ɛj] |

| throat | **flew** [flɛw] |

T

| thunder | **'rrpxom** ['ʔr̩.p'om] |

| thunder / lightning | **rawmpxom** ['rawm.p'om] |

| time | **krr** [kr̩] |

| toe | **venzek** ['vɛn.zɛk̚] |

| tongue | **ftxì** [ft'ɪ] |

| tooth | **sre'** [srɛʔ] |

T

totem	lo'a ['lo.ʔa]
toy	fil [fil]
train	tìreyn [tɪ.ˈrɛjn]
tree	utral [ˈut.ral]
two	mune [ˈmu.nɛ]
U.S.A.	Yuesey [ju.ɛ.ˈsɛj]

V

vegetable	fkxen [fk'ɛn]
victory	tìyora' [tɪ.jo.'ra?]
vine	'ana ['?a.na]
violet	'ompin ['?om.pin]
vision	äie [æ.'i.ɛ]
voice	mokri ['mok.ri]

W

war	**tsam** [t͡sam]
warning	**säpllhrr** [sæ.pl̩.ˈhr̩]
water	**pay** [paj]
weather	**yafkeyk** [ˈja.fkɛjk̚]
week	**kintrr** [ˈkin.tr̩]
well	**ramunong** [ra.ˈmu.noŋ]

W

white	**teyrpin** [ˈtɛjr.pin]
wind	**hufwe** [hu.ˈfwɛ]
winter	**zìskrrwew** [zɪ.skr̩.ˈwɛw]
wish	**särangal** [sæ.ˈra.ŋal]
woman	**tuté** [tu.ˈtɛ]
wood	**rìn** [rɪn]

W

word	lì'u ['lɪ.ʔu]
world	kifkey [ki.ˈfkɛj]
worm	ngawng [ŋawŋ]
year	zìsìt [ˈzɪ.sɪt]
yellow	rimpin [ˈrim.pin]
zero	kew [kɛw]

Printed in Great Britain
by Amazon